O Tarô da Alma

Para Brenda —
Minha amiga, irmã e guia espiritual.

Belinda Atkinson

O TARÔ
da ALMA

Tradução
MIRTES FRANGE DE OLIVEIRA PINHEIRO

EDITORA PENSAMENTO
São Paulo

Título original: *The Tarot of the Soul.*

Copyright © 1995 Belinda Atkinson.

Publicado originalmente por Wild Flower Press c/o Granita Publishing, Columbus, USA.

Foto da autora de Jack Germsheid.

Todos os direitos reservados. Nenhuma parte deste livro pode ser reproduzida ou usada de qualquer forma ou por qualquer meio, eletrônico ou mecânico, inclusive fotocópias, gravações ou sistema de armazenamento em banco de dados, sem permissão por escrito, exceto nos casos de trechos curtos citados em resenhas críticas ou artigos de revistas.

A Editora Pensamento-Cultrix Ltda. não se responsabiliza por eventuais mudanças ocorridas nos endereços convencionais ou eletrônicos citados neste livro.

O primeiro número à esquerda indica a edição, ou reedição, desta obra. A primeira dezena à direita indica o ano em que esta edição, ou reedição foi publicada.

Edição	Ano
3-4-5-6-7-8-9-10-11-12	10-11-12-13-14-15-16

Direitos de tradução para a língua portuguesa
adquiridos com exclusividade pela
EDITORA PENSAMENTO-CULTRIX LTDA.
Rua Dr. Mário Vicente, 368 – 04270-000 – São Paulo, SP
Fone: 2066-9000 – Fax: 2066-9008
E-mail: pensamento@cultrix.com.br
http://www.pensamento-cultrix.com.br
que se reserva a propriedade literária desta tradução.
Foi feito o depósito legal.

Impressão e Acabamento
Cometa Grafica e Editora
Tel- 11-2062 8999
www.cometagrafica.com.br

SUMÁRIO

Introdução 7
Como Funciona a Divinação 9

Capítulo 1
Como Fazer Perguntas... 12
Guia Passo a Passo para Tirar Cartas 13
Dicas para Interpretar suas Próprias Cartas..................... 15
Dicas para Interpretar Cartas de outras Pessoas.............. 16

Capítulo 2
Como Funcionam as Disposições...................................... 18
A Seta Diária 19
Jogo de Quatro Cartas... 20
Jogo de Dez Cartas.. 21
O Círculo Mágico de Salomão 22
Círculo do Destino... 23
Tabela... 24

Capítulo 3
Espadas 25

Capítulo 4
Copas 39

Capítulo 5
Ouros 53

Capítulo 6
Paus 67

**SUA ALMA DESEJA E PODE
AJUDÁ-LO EM TODOS OS
ASPECTOS DA SUA VIDA!**

Sincronicidades, pensamentos intuitivos e sentimentos viscerais são apenas algumas formas pelas quais a sua Alma o ajuda a realizar os objetivos da sua encarnação e o avisa quando você se desvia da rota. Ela compreende seus pontos fortes e fracos, suas necessidades de evoluir espiritualmente e seus anseios de ser feliz nesta vida.

Com *O Tarô da Alma*, você tem acesso aos conhecimentos e à sabedoria da sua Alma por meio de um baralho comum. O livro usa uma linguagem objetiva capaz de motivar, estimular a reflexão e promover a cura. Além disso, faz com que você se lembre da beleza da vida e da necessidade de seguir o seu coração.

O Tarô da Alma é o ponto de partida para um relacionamento sincero e em sintonia com a sua Alma.

INTRODUÇÃO

Se alguém pudesse lhe dizer como será a sua vida daqui a um ano ou dez, você ia querer saber? Essa é uma pergunta difícil que exige muita reflexão.

É difícil acreditar que é possível dar uma "espiadinha" no futuro. Em primeiro lugar, talvez você se pergunte se esse negócio de destino existe mesmo. Se não existe, certamente você vai tentar mudar as coisas de que não gosta no seu futuro. No entanto, ao mudar alguns aspectos da sua vida você pode privar-se de experiências e lições importantes. Além disso, é bem provável que crie problemas mais graves do que aqueles que está tentando evitar.

Se realmente existe destino e as revelações sobre o seu futuro não são muito boas, você terá de conviver com a idéia de que algo ruim vai acontecer. Se já é difícil lidar com os problemas à medida que eles surgem, o fato de saber de antemão que um acontecimento doloroso está por vir — sem nada que você possa fazer — só serviria para intensificar e prolongar a dor.

Então, por que existe esse negócio de Divinação? Por que o ser humano sempre desejou conhecer o futuro?

A astrologia era praticada no antigo Egito, na Grécia, na Índia, na China e no mundo islâmico. O I Ching (que atualmente usa o método de atirar moedas) existe há cerca de 3.900 anos.

Se a psique humana não tivesse uma necessidade tão premente de conhecer o futuro, nunca teríamos desenvolvido tantos métodos de divinação. Os 19 métodos mais comuns são: quiromancia, que estuda as mãos; frenologia, que interpreta as proporções da cabeça; botanomancia, arte de adivinhar por meio das folhas das plantas; cristalomancia, na qual o leitor olha numa bola de cristal; bibliomancia, que utiliza passagens extraídas ao acaso da Bíblia; sortilégio, que envolve o jogo de dados; rabdomancia, que estuda os movimentos de uma varinha mágica; litomancia, que estuda os padrões formados por pedrinhas atiradas ao chão; onomatomancia, que estuda as letras do nome; a numerologia, que usa números importantes na vida da pessoa; oniromancia, que prevê os acontecimentos futuros por intermédio dos sonhos. E não se esqueça da psicografia, dos tabuleiros de Ouija, das sessões espíritas de comunicação com os mortos, da psicometria (impressões psíquicas obtidas a partir dos pertences de uma pessoa), do estudo das auras, da tiptologia, da análise da caligrafia e da mais comum nos dias de hoje, a cartomancia, a leitura de Tarô ou de baralho comum.

O animal humano deseja ardentemente saber o que ainda está por vir. Acredito que a resposta esteja nestas palavras: "leitura da sorte". Em vez dos termos "vidência" ou "previsão do futuro", a palavra "sorte", mais comum, dá a conotação de uma situação melhor: fortuna, sucesso, felicidade, ganho. As pessoas, na minha opinião, não buscam tanto os fatos, mas a esperança de algo melhor.

No início, a cartomancia não supria essa necessidade de esperança. Pelo contrário, alguns métodos de tarô apavoravam os consulentes com palavras de desespero, perda e morte. Os tarólogos jogavam com o medo do desconhecido fazendo afirmações como "uma morena invejosa vai tentar destruir você" e "você vai receber más notícias do estrangeiro".

Porém, da mesma forma que a divinação pode nos avisar de desastres iminentes, ela pode nos conduzir para direções mais positivas.

Trata-se de uma linguagem, nada mais. Assim como o otimista contra o pessimista, ela pode enfocar os aspectos positivos da nossa vida e nos fortalecer emocionalmente, ou lidar apenas com os aspectos negativos e minar a nossa sensação de esperança e controle.

Tentei criar uma linguagem capaz de motivar, curar e ajudar. Em vez de controlar o destino, as cartas motivam o leitor a lutar para crescer e a se aprimorar em áreas que precisam de mudança, bem como a aceitar as que não podem ser mudadas.

Espero que você goste de *O Tarô da Alma*. Desejo imensamente que este livro seja um ponto de partida para um contato mais profundo e mais imediato com o conhecimento do interior da sua Alma.

COMO FUNCIONA A DIVINAÇÃO

Como um simples baralho poderia dizer alguma coisa sobre você, sobre sua vida e seu futuro? Afinal de contas, as cartas são feitas apenas de papel, tinta e plástico. Nada mais.

No entanto, à medida que você for conhecendo *O Tarô da Alma* e for se familiarizando com as definições das cartas, vai descobrir que elas encerram algo. Cartas que começam com o futuro vão passar para o presente e, depois, para o passado, em sintonia com os eventos que estão ocorrendo na sua vida.

Existem dezenas de explicações para esse aparente milagre. Alguns acham que o demônio pousa sua mão sobre o baralho. Outros, que os espíritos nos ajudam a escolher as cartas que mais se ajustam à nossa situação.

Assim como qualquer um que tenha escrito um livro sobre divinação, eu também tenho a minha teoria.

Eu acredito que todos nós temos uma Alma que nos acompanha em nossas várias encarnações. Acredito também que, antes de cada encarnação, optamos por aprender determinadas lições, superar algumas fraquezas, alcançar certos objetivos e, talvez, reparar alguns erros. Não creio que possamos escolher todos os aspectos da nossa vida. Talvez, antes de nascer, elaboremos uma programação geral ou uma "lista de tarefas". A forma como abordamos cada item dessa lista provavelmente é por tentativa e erro.

Enquanto estamos atarefados ganhando a vida, acredito que a nossa Alma observa o nosso progresso e intervém para nos dar uma pequena cutucada quando nos desviamos da rota.

Muitas vezes essas cutucadas assumem a forma de intuições ou sentimentos viscerais. Você já saiu de casa com uma sensação incômoda de que estava se esquecendo de alguma coisa e mais tarde descobriu que tinha deixado algo importante para trás? Você já teve uma forte impressão sobre alguém (negativa ou positiva) e depois constatou que tinha razão? Existem outras formas pelas quais a Alma nos cutuca. Sincronismos são comuns. Acontecimentos aparentemente fortuitos que ocorrem com freqüência, uma palavra que insiste em vir à sua mente durante uma conversa, uma música que não sai dos seus ouvidos ou um número que está sempre no seu caminho.

Certa época, quando eu estava procurando emprego e me sentindo muito confusa sem saber que carreira seguir, tive a estranha experiência de só olhar para o relógio quando tinha passado 23 minutos da hora certa. Às vezes isso acontecia cinco vezes por dia, durante três longos meses. Não acredito que o número 23 tivesse um significado especial. Acho que foi uma forma que a minha Alma encontrou de me confortar. Embora a princípio a experiência fosse alarmante, depois de algum tempo tive a impressão de que alguém ou alguma coisa estava ouvindo o meu dilema e trabalhando no sentido de encontrar uma solução.

Sinto que a Alma está disposta a nos ajudar a fazer boas opções na vida. Além disso, acredito que podemos recorrer a ela para que nos ajude com a "lista de tarefas". Há duas coisas que temos de fazer se quisermos usar a sabedoria da nossa Alma para melhorar a nossa qualidade de vida: ouvir as mensagens que recebemos e agir. Nenhuma das duas é fácil. Para ouvir precisamos primeiro compreender as mensagens. Infelizmente, às vezes é difícil distinguir entre nossos desejos terrenos e o conselho interior que recebemos.

É por isso que escrevi *O Tarô da Alma*, com uma linguagem simples que você pode usar para entrar em contato com a sua Alma e pedir o seu conselho. Sempre que se sentir inseguro sobre o que fazer numa determinada situação, simplesmente pergunte à sua Alma qual é a melhor decisão. Você vai obter respostas que o ajudarão a compreender seus pontos fortes e fracos.

Para começar, abra no Capítulo Um. Essa seção vai explicar como formular uma pergunta, como ler suas próprias cartas e as cartas de outra pessoa. Essa seção também oferece dicas que o ajudarão a obter leituras mais precisas. A seguir, escolha uma pergunta e vá ao Capítulo Dois para escolher a disposição apropriada.

CAPÍTULO UM

COMO LER AS CARTAS

COMO FAZER PERGUNTAS

O Tarô da Alma enfoca seus pontos fortes e fracos. Em vez de lhe dizer que o destino vai definir o resultado de determinada situação, as cartas lhe dão a oportunidade de decidir o melhor curso de ação com base em suas habilidades, em suas necessidades de alcançar a plenitude e os fatores externos que influenciam a situação.

É importante que você mantenha o seu poder de decisão ao formular as perguntas. Perguntas como "Vou me casar com meu namorado do colegial e ser feliz para sempre?" simplesmente não funcionam. Casamentos não dão certo só porque duas pessoas estão destinadas a ficar juntas. Uma boa relação exige dedicação, respeito, senso de humor e muito trabalho.

Sua leitura vai ser muito melhor se você fizer perguntas que o ajudarão a ter sucesso na vida: Será que tenho maturidade emocional suficiente para me comprometer num relacionamento a longo prazo? Será que sou forte o bastante para superar os momentos difíceis? Existem alguns pontos fracos que precisam ser trabalhados para melhorar o nosso relacionamento? Nossa família e nossos amigos vão apoiar o nosso casamento ou exercerão uma influência negativa?

Aqui estão alguns exemplos de perguntas que abordam as áreas emocional, física, mental e espiritual da sua vida:

1. Tenho força emocional suficiente para realizar com sucesso essas alterações na minha vida?
2. Os fatores externos envolvidos nessa situação trabalham a favor ou contra o meu sucesso nesse objetivo?
3. Alguma coisa que estou fazendo — consciente ou inconscientemente — impede o meu progresso nessa tentativa?
4. Essa tentativa está em conformidade com minhas necessidades de crescimento e evolução espiritual?

GUIA PASSO A PASSO PARA TIRAR CARTAS

Você vai desenvolver um estilo próprio de interpretar as cartas à medida que praticar. No meu caso, segui as instruções ao pé da letra quando comecei a jogar I Ching, Runas e várias versões do Tarô. No final, abandonei algumas práticas e adotei outras com as quais eu me sentia mais à vontade.

Se você é novo no campo da divinação, ofereço um guia simples de ser seguido passo a passo. Para dicas adicionais sobre a leitura das suas cartas, por favor veja a página 15.

1. Procure um local tranqüilo e confortável com uma mesa grande o bastante para deitar as cartas.
2. Decida se vai querer usar uma das seqüências apresentadas no Capítulo Dois ou simplesmente puxar um número indeterminado de cartas para responder às suas perguntas.
3. Comece embaralhando as 52 cartas enquanto formula uma pergunta mentalmente. Para saber como fazer uma pergunta, leia a página anterior.
4. Mantenha a pergunta em sua mente enquanto embaralha as cartas. Você pode fazer a pergunta em voz alta, mentalizar o problema ou visualizar vários aspectos da questão. Deixe sua mente relaxar e não preste atenção no processo de embaralhar as cartas. Você vai descobrir que, de repente, toda a sua atenção está voltada para as cartas que está embaralhando. Assim que isso ocorrer, pare de embaralhar e deite as cartas na mesa em forma de leque, com os números virados para baixo.
5. Ainda com a pergunta em mente, passe a mão sobre a fila de cartas. Não importa se você mantém a mão sobre elas ou apenas as toca de leve.

6. Você vai sentir uma energia que emana de algumas cartas. Pegue as cartas pelas quais se sente atraído, uma a uma, e coloque-as uma em cima da outra.
7. Se não estiver usando uma seqüência, continue a tirar cartas até não sentir mais energia de nenhuma carta.
8. Se estiver usando uma seqüência, continue a retirar cartas até que tenha o número apropriado. Em seguida, coloque a última carta que você tirou (a que está em cima do monte) na posição número um, a penúltima na posição número dois e assim por diante, até que todas as cartas sigam o padrão da sua seqüência.
9. Olhe primeiro os naipes que você escolheu. Se a maioria das cartas for de Espadas, sua energia mental está em primeiro plano na situação. Uma predominância de Copas significa que suas emoções, atitudes e sentimentos são mais importantes. Uma predominância de Ouros significa que o mundo físico (saúde, finanças, trabalho, vida familiar e bens materiais) está em primeiro lugar. Paus representa os assuntos espirituais. Se as cartas estiverem distribuídas no mesmo número de naipes, quer dizer que o problema afeta igualmente todas as partes da sua natureza.
10. Depois de fazer uma breve avaliação dos naipes, você pode começar a interpretar cada carta detalhadamente.
11. Os resultados são melhores quando você pára depois de cada carta e reflete sobre a forma como essa interpretação se relaciona com o problema exposto. Não se preocupe demais se uma carta não coincidir literalmente com a sua posição numa seqüência. O mais importante é você meditar sobre como a carta se aplica ao seu problema de modo geral.
12. Quando terminar a leitura, preencha o quadro da página 24 (ou uma fotocópia). Anote a data, a pergunta feita e as cartas que você tirou. Com o tempo, você vai começar a ver emergirem vários padrões interessantes.

DICAS PARA INTERPRETAR SUAS PRÓPRIAS CARTAS

1. Relaxe e concentre-se na sua pergunta antes de selecionar as cartas. Se estiver com pressa ou preocupado, ou se seus pensamentos estiverem competindo com o barulho de fora, sua leitura não será precisa.

2. Alguns rituais podem ajudá-lo a ficar com a mente relaxada e receptiva, como ouvir sua música predileta e acender uma vela toda vez que se sentar para ler as cartas.

3. Não faça perguntas carregadas de emoção, a menos que esteja preparado para ouvir a verdade. Por várias vezes fiz perguntas esperando uma resposta positiva e recebi uma resposta negativa que eu não estava preparada para aceitar.

4. *Nunca* use o conselho que recebeu das cartas como a única razão para fazer mudanças na sua vida. As cartas devem apenas ajudá-lo. Use sua experiência, sua intuição, suas crenças espirituais, seus princípios morais e sua compreensão dos fatores externos envolvidos na questão como seus principais guias.

5. Não retire outra carta apenas porque não gostou da resposta que recebeu. Se fizer isso, é bem possível que você tire a mesma carta que acabou de desprezar.

6. Depois que estiver familiarizado com as cartas e seus significados, faça experiências e crie sua própria seqüência. Essa pode ser uma excelente forma de desenvolver uma maior intimidade com as cartas.

7. Compre um baralho especialmente para a leitura. Se quiser, pode fazer um resumo por escrito da definição de cada carta. Isso acelera o processo da leitura e o ajuda a estabelecer uma relação entre as várias idéias expressadas nas suas interpretações.

DICAS PARA INTERPRETAR CARTAS DE OUTRAS PESSOAS

1. Nunca tente convencer alguém a se submeter a uma leitura de tarô. Se a pessoa estiver apreensiva ou nervosa, respeite seus sentimentos. Ela vai voltar quando quiser uma visão imparcial.
2. Não leia o tarô para ninguém até que tenha praticado bastante e esteja familiarizado com o significado das cartas e com o resultado de suas próprias leituras.
3. Antes de começar, diga que as cartas vão fornecer apenas uma visão geral dos seus pontos fortes e fracos diante de determinada situação. A pessoa deve confiar nos próprios instintos, na própria experiência, em seus princípios morais e nos fatores externos envolvidos em qualquer situação acima de qualquer coisa que as cartas tenham a dizer.
4. Você não precisa conhecer a pergunta que está sendo feita para fazer uma leitura.
5. Explore a sua intuição. Muitas pessoas que são atraídas pela divinação e pela cartomancia possuem habilidades psíquicas bem desenvolvidas. Se você estiver lendo as cartas para uma pessoa amiga e sentir necessidade de dar a sua opinião sobre o assunto, faça isso. Todavia, será melhor esclarecer qual é a sua interpretação pessoal e qual é a interpretação das cartas.
6. Se estiver seriamente interessado em cartomancia, faça mais pesquisas. Existem vários livros à venda, bons e ruins, que o ensinam a ver e a compreender a aura das pessoas e a desenvolver a psicometria (capacidade de assimilar as vibrações dos objetos). Eles podem contribuir para a sua habilidade para interpretar as cartas.

♥ ♠ ♦ ♣

CAPÍTULO DOIS

DISPOSIÇÕES

COMO FUNCIONAM AS DISPOSIÇÕES

Os novatos na arte da cartomancia podem perguntar-se por que é necessário usar disposições. Na verdade, não é necessário, pelo menos não com *O Tarô da Alma*. Se você preferir, pode seguir as diretrizes básicas esboçadas na página 13 e tirar todas as cartas pelas quais você se sentir atraído. Cada uma delas vai revelar algo sobre a sua pergunta. A única diferença é que você não atribui nenhuma importância particular à posição que as cartas ocupam.

As disposições foram criadas para ajudá-lo a enfocar os vários aspectos das suas perguntas, para que você possa tomar mais facilmente uma decisão. Nesse aspecto, elas funcionam de forma bastante semelhante aos mecanismos da mente humana.

Suponha que você esteja com a velha dúvida sobre o que fazer para o jantar. O modo mais fácil de resolver esse dilema é fragmentar a pergunta em outras menores, como: Que ingredientes tenho na minha despensa? Tenho tempo e disposição para ir ao supermercado comprar outros ingredientes? Estou com vontade de comer um prato rico em calorias ou alguma coisa leve e nutritiva?

As disposições apresentadas aqui vão ajudá-lo a discernir os vários fatores envolvidos nas suas perguntas. Mas é importante que você não fique frustrado se a definição de uma carta não coincidir com a sua posição na tirada. Nem sempre há uma correlação clara, sobretudo em disposições maiores, com o Círculo Mágico de Salomão e o Jogo de dez Cartas.

Se depois de alguma reflexão você não conseguir ver uma forma em que uma carta se encaixa na sua posição, medite sobre a forma como ela se encaixa na questão em geral.

É preciso certa prática e paciência, mas se você mantiver uma mente aberta e se esforçar para ver as seqüências tiradas em termos metafóricos em vez de literais, vai obter lampejos intuitivos sobre suas questões e sobre si mesmo.

A SETA DIÁRIA

Eis uma disposição simples que pode ser feita regularmente (uma vez por dia, uma vez por semana, uma vez por mês, uma vez por ano) ou quando você estiver com vontade.

A disposição apresenta uma visão geral da situação atual, a providência que precisa ser tomada e a nova situação que vai resultar dessa iniciativa.

Trata-se de uma ótima disposição para perguntas diretas, mas um tanto curta para questões mais importantes.

Lembre-se:
♠ = Energia Mental
♥ = Energia Emocional
♦ = Energia Física
♣ = Energia Espiritual

JOGO DE QUATRO CARTAS

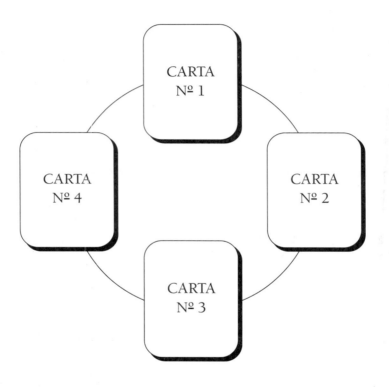

Carta 1: Situação atual.
Carta 2: Sacrifício que pode ser necessário para que ocorra uma mudança para melhor.
Carta 3: Os frutos que você vai colher.
Carta 4: Situação futura caso as coisas não tomem novos rumos.

Lembre-se: ♠ = Energia Mental ♥ = Energia Emocional
♦ = Energia Física ♣ = Energia Espiritual

JOGO DE DEZ CARTAS

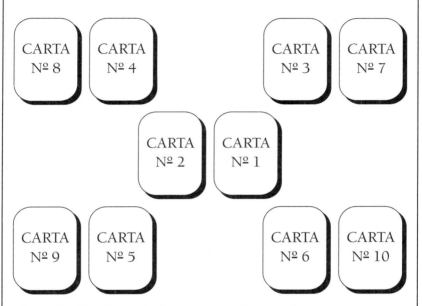

Cartas 1 e 2:   Essência da pergunta e do consulente.
Cartas 3 e 7:   Os rumos que a situação vai tomar naturalmente.
Cartas 4 e 8:   Os rumos que a situação vai tomar caso seja feita uma mudança. Se as Cartas 3, 7, 4 e 8 forem compatíveis, a situação vai evoluir na mesma direção se você deixar os acontecimentos se desenrolarem naturalmente ou tentar forçar uma mudança. Se as cartas forem contraditórias, a situação vai mudar de acordo com o que você fizer.
Cartas 9 e 5:   Como a sua energia mental e espiritual está afetando a situação.
Cartas 6 e 10: Situação futura caso as coisas não tomem novos rumos.

Lembre-se: ♠ = Energia Mental   ♥ = Energia Emocional
♦ = Energia Física   ♣ = Energia Espiritual

· ♥ ♠ ♦ ♣

O CÍRCULO MÁGICO
DE SALOMÃO
(Antigo jogo das dez cartas)

Carta nº 10
Resultado
Final

Carta nº 3
Objetivo
ou
Destino

Carta nº 1
Posição
Atual

Carta nº 9
Emoções
Interiores

Carta nº 6
Influência
Futura

Carta nº 2
Influência
Imediata

Carta nº 4
Origem
num
Passado
Distante

Carta nº 8
Fatores
Ambientais

Carta nº 5
Origem
num
Passado
Recente

Carta nº 7
O
Consulente

Carta 1: Atmosfera na qual você está vivendo atualmente; Carta 2: Obstáculos ou influências iminentes; Carta 3: O melhor que pode ser feito com base na situação atual; Carta 4: Influências de um passado distante sobre a sua maneira de ser; Carta 5: Acontecimentos atuais ou recentes; Carta 6: Acontecimentos num futuro próximo; Carta 7: Sua atitude atual; Carta 8: Sua influência sobre outros e a influência deles sobre você; Carta 9: Suas esperanças, seus temores e suas ansiedades; Carta 10: Resultado final.

Lembre-se: ♠ = Energia Mental ♥ = Energia Emocional
♦ = Energia Física ♣ = Energia Espiritual

CÍRCULO DO DESTINO

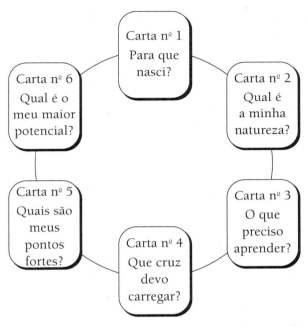

Esse jogo não deve ser feito com muita freqüência. Ele enfoca a sua programação para essa encarnação ou a sua "lista de tarefas", como descrevi na seção "Como Funciona a Divinação".

Carta 1: Sua missão (o que você veio fazer aqui).
Carta 2: O que o conduz à plenitude ou à felicidade?
Carta 3: As lições que você precisa aprender nesta encarnação.
Carta 4: As adversidades e os contratempos que você tem de superar ou aceitar.
Carta 5: As bênçãos que lhe foram concedidas nesta encarnação.
Carta 6: Seu maior potencial para alcançar sucesso e felicidade.

Lembre-se: ♠ = Energia Mental ♥ = Energia Emocional
♦ = Energia Física ♣ = Energia Espiritual

DATA	PERGUNTA	CARTAS RECEBIDAS

CAPÍTULO TRÊS

ESPADAS

Espadas diz respeito à sua energia mental.
Quando você tira uma carta de Espadas,
tem oportunidade de adquirir sabedoria,
intuição e maior senso de valor próprio.

ÁS DE ESPADAS

INTUIÇÃO

Esta carta representa a sua recusa em recorrer à sua Voz Interior ou à sua Intuição em alguns aspectos. Você está buscando respostas fora de si mesmo para as suas perguntas, quando bem no íntimo já sabe que caminho deve tomar.

Sua Voz Interior não está interessada em encontrar o caminho mais fácil ou mais indolor. Às vezes um movimento para a frente envolve desconforto e dor, e o caminho que você acha traiçoeiro pode representar a única rota para o sucesso.

Em vez de consultar os amigos e familiares na esperança de que eles dêem sugestões menos complicadas, confie na sua intuição.

Essa é a única voz que pode ver os resultados de todas as alternativas que se apresentam no momento, a única voz que conhece suas necessidades mais profundas de crescer e se realizar.

Agora, mais do que nunca, você pode contar com a sua Intuição para tomar decisões.

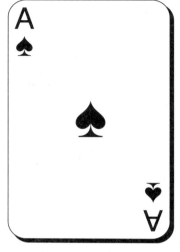

CONSULTA RÁPIDA

Esta carta representa a sua recusa em recorrer à sua própria intuição em alguns aspectos. Você está pedindo conselho aos amigos e familiares, quando no íntimo já sabe que caminho deve tomar. Confie na sua Intuição, ela o conduzirá ao sucesso.

DOIS DE ESPADAS

PENSAMENTO NEGATIVO
Agora você tem força suficiente e oportunidade de se livrar de padrões negativos de pensamento.

Em vez de temer que as coisas não dêem certo ou de se preparar para o pior, abandone todos esses padrões de pensamento e comece a se preparar para o sucesso.

Se você disser freqüentemente a si mesmo que vai fracassar ou que as coisas não vão dar certo, seu subconsciente vai encontrar uma maneira de transformar seus pensamentos em realidade. Se, contudo, você repetir sempre para si mesmo que seus esforços vão ser recompensados, seu subconsciente vai trabalhar no sentido de alcançar esses objetivos.

Certamente você já teve medo de ir a um compromisso e, de repente, pegou uma gripe ou um resfriado. Esse é um exemplo singelo de como o seu subconsciente pode manifestar seus pensamentos.

Seu subconsciente ouve cada um dos seus pensamentos. Esforce-se verdadeiramente para assegurar-se de que está usando sua mente subconsciente de forma produtiva e positiva.

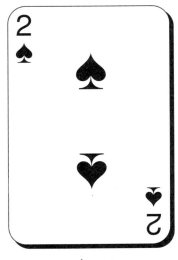

CONSULTA RÁPIDA
Essa é uma ótima oportunidade de se livrar de padrões negativos de pensamento.
Em vez de temer que as coisas não dêem certo ou de se preparar para o pior, tente conduzir sua mente para direções mais positivas. Diga a si mesmo que as coisas estão dando certo e que você está se saindo bem. Seu subconsciente encontrará uma maneira de transformar seus pensamentos em realidade.

TRÊS DE ESPADAS

SUBESTIMA

Agora você tem oportunidade de parar de se subestimar e de menosprezar a sua capacidade.

Ninguém neste mundo é perfeito. Todos nós temos fraquezas, falhas e maus hábitos. Todos estamos bem preparados para dar a nossa parcela de contribuição para a sociedade em alguns aspectos, mas não em outros.

Se você conseguir reconhecer suas fraquezas como algo natural, seu senso de valor não vai ser afetado.

Se, entretanto, você acreditar que suas fraquezas o desmerecem ou o tornam menos apto a dar a sua contribuição, você estará subestimando o seu valor e se prejudicando.

Reconheça as várias formas pelas quais você enriquece a vida das outras pessoas. Assim como as ondas que se formam ao redor de uma pedrinha atirada ao rio, seus atos de bondade e seus talentos especiais vão calar fundo no coração e na vida de muitas pessoas.

Você tem valor.

Lute para valorizar suas virtudes e aceitar seus defeitos.

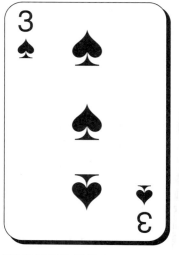

CONSULTA RÁPIDA

Agora você tem a oportunidade de parar de se subestimar. Ninguém é perfeito. Todos nós temos pontos fortes em algumas áreas e pontos fracos em outras. Se você acreditar que suas fraquezas o desmerecem, estará subestimando seu valor e se prejudicando. Reconheça que você enriquece a vida de outras pessoas de várias maneiras.

QUATRO DE ESPADAS

COMPARAÇÕES

Agora você tem a capacidade e a oportunidade de parar de se comparar com outras pessoas, e de comparar a sua vida com a delas.

Sempre haverá pessoas em melhor situação do que a sua, do mesmo modo que sempre haverá pessoas menos afortunadas.

Cada um de nós está fazendo a sua própria jornada. Todos nós recebemos dons, talentos e bênçãos para usufruir, bem como fardos, reveses e vicissitudes para suportar.

O que você considera uma bênção na vida de alguém pode, na verdade, representar um fardo. E o que você considera um fardo na sua vida pode ser uma oportunidade maravilhosa de adquirir força e sabedoria e evoluir espiritualmente.

Quando você agradecer suas bênçãos e aceitar seus fardos, será recompensado com uma compreensão mais profunda da sua contribuição para a sociedade nesta encarnação.

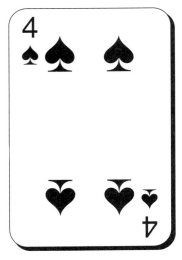

CONSULTA RÁPIDA

Agora você tem a oportunidade de parar de se comparar com outras pessoas e de comparar a sua vida com a delas. Sempre haverá pessoas mais afortunadas e menos afortunadas do que você. Cada um de nós está empreendendo a sua própria jornada. Todos temos bênçãos para usufruir e fardos para carregar. Resista ao impulso de fazer comparações e concentre-se nas suas próprias necessidades para crescer.

CINCO DE ESPADAS

BALANÇO

Agora você tem a intuição necessária para fazer um balanço da sua vida pessoal. Todos nós estamos continuamente crescendo e mudando. Nossos objetivos e exigências para alcançar a plenitude mudam à medida que enfrentamos novos desafios.

Precisamos parar de vez em quando para fazer um balanço e nos certificar de que nossos atos estão de acordo com as nossas necessidades de ser feliz e alcançar a plenitude.

Veja se você está se esforçando para atingir objetivos que estejam em harmonia com as suas necessidades. Pergunte a si mesmo se o seu trabalho, os seus relacionamentos e as suas atividades de lazer estão enriquecendo a sua vida ou impedindo que você se empenhe em atividades que combinam mais com a sua natureza. Analise seus pontos fortes e fracos; reflita sobre as áreas nas quais você gostaria de se aprimorar.

Depois que compreender o que precisa para alcançar a plenitude, você pode começar a eliminar as resistências e passar a viver uma vida em maior sintonia com a sua maneira de ser.

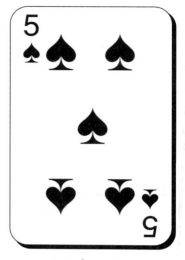

CONSULTA RÁPIDA

Agora você tem a intuição necessária para fazer um balanço da sua vida pessoal. Todos nós estamos continuamente crescendo e mudando. Nossos objetivos e nossas exigências para alcançar a plenitude mudam à medida que enfrentamos novos desafios. Precisamos parar de vez em quando para fazer um balanço e nos certificar de que nossos atos estão de acordo com as nossas necessidades de ser feliz e alcançar a plenitude. Veja se você está se esforçando para atingir objetivos que estejam em harmonia com as suas necessidades.

SEIS DE ESPADAS

GENERALIZAÇÕES

Quando conseguimos compreender a linguagem simples, começamos a receber sinais que nos dizem quem somos. Aprendemos tanto de uma maneira sutil quanto de uma maneira mais óbvia quais são os nossos pontos fortes e os nossos pontos fracos. Os familiares, os amigos e os professores nos dizem que somos tímidos ou extrovertidos, criativos ou lógicos, divertidos ou sérios, líderes ou seguidores, preguiçosos ou esforçados, inteligentes ou burros.

Na melhor das hipóteses, essas observações nos ajudam a querer desenvolver áreas nas quais fomos abençoados com dons e talentos natos. Na pior, elas limitam a compreensão que temos de nós mesmos.

Esta carta está perguntando se você limita a compreensão de si mesmo com base em generalizações antigas, ultrapassadas. Se você acredita, por exemplo, que é um seguidor, pergunte se alguma vez você deu a si mesmo a oportunidade de liderar. Não importa se você obtém sucesso ou não. O importante é a satisfação que sente quando supera a apreensão e enfrenta novos desafios.

CONSULTA RÁPIDA

Quando conseguimos compreender a linguagem simples, começamos a receber sinais que nos dizem quem somos. Os familiares, os professores e os amigos nos dizem que somos tímidos ou extrovertidos, criativos ou lógicos, divertidos ou sérios, líderes ou seguidores, preguiçosos ou esforçados, inteligentes ou burros. Essa carta está perguntando se, de alguma forma, você limita a sua compreensão de si mesmo com base em generalizações antigas ou ultrapassadas.

SETE DE ESPADAS

NADA DE SORTE

Se você estiver tentando resolver algum problema, esta carta representa um lembrete de que a sorte não vai influenciar o resultado. Você vai obter êxito se tomar a atitude certa, trabalhar com afinco e agir na hora certa, e também se o resultado contribuir para o seu crescimento.

Às vezes atribuímos nossos sucessos e fracassos à sorte, boa ou ruim. Mas a sorte não vai lhe trazer sucesso se você não tiver feito a sua parte. E o azar não vai fazer você fracassar se você tiver feito tudo o que estava ao seu alcance para obter sucesso.

Se você quer ser bem-sucedido, esteja preparado para arregaçar as mangas, e não deixe que a sorte, o destino, a superstição, o medo do fracasso ou do sucesso fiquem no seu caminho.

Esta carta o convida a reexaminar um fracasso do passado que foi atribuído ao azar. Procure compreender o seu significado. Todo fracasso representa uma oportunidade de crescimento. Aprenda tudo o que puder com os seus erros e você não terá de repeti-los para crescer.

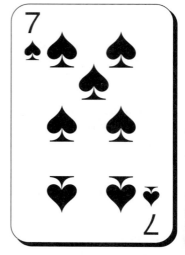

CONSULTA RÁPIDA

Se você estiver tentando resolver algum problema, uma situação ou um relacionamento, essa carta representa um lembrete de que a sorte não vai afetar o resultado. A sorte não vai lhe trazer sucesso se você não tiver feito a sua parte. E o azar não vai fazer você fracassar se você tiver feito tudo o que estava ao seu alcance para obter sucesso.

Esta carta o convida a reexaminar um fracasso do passado que foi atribuído ao azar. Aprenda tudo que puder com os seus erros e você não terá de repeti-los para crescer.

OITO DE ESPADAS

VIDA NOVA

Todos nós faríamos algumas coisas diferentes se pudéssemos começar tudo de novo. Alguns mudariam detalhes insignificantes, enquanto outros reescreveriam toda a sua história pessoal.

Esta carta está lhe fazendo uma pergunta simples: por que você não pode recomeçar?

Se você realmente quiser e estiver preparado para batalhar e fazer os sacrifícios necessários, pode fazer qualquer mudança na sua vida.

Se você sempre sonhou que estava em busca de um *hobby*, de um emprego ou de uma vantagem, e não obteve sucesso, pergunte-se por quê.

Será que o sonho era inalcançável ou você deixou a oportunidade passar? Em vez de ficar na situação atual porque acha que não tem alternativa, compreenda que sempre existe a possibilidade de recomeçar.

Entretanto, antes de ir em frente, veja se suas expectativas são realistas, e não fruto de uma imaginação muito viva e otimista.

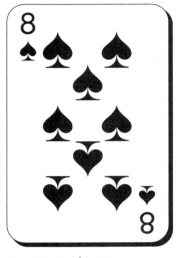

CONSULTA RÁPIDA

Todos nós faríamos algumas coisas diferentes se pudéssemos começar tudo de novo. Alguns mudariam pequenos detalhes, enquanto outros reescreveriam toda a sua história pessoal. Esta carta está lhe fazendo uma pergunta simples: por que você não pode recomeçar? Se você realmente quiser e estiver preparado para batalhar e fazer os sacrifícios necessários, pode fazer qualquer mudança na sua vida. Entretanto, antes de ir em frente, veja se as suas expectativas são realistas.

NOVE DE ESPADAS

EM BUSCA DE SABEDORIA

Você consegue identificar um sábio no meio de uma multidão? Ele é aquele que está expondo longamente suas idéias ou aquele que está ouvindo atentamente? O sábio sabe que nada tem a aprender ouvindo a sua própria voz.

Ele reconhece que todos nós — rei ou mendigo, juiz ou ladrão — somos dotados de conhecimentos, sabedoria, intuição e experiência que merecem ser ouvidos e explorados.

Se nos recusarmos a ouvir ou a abrir a nossa mente às idéias de outras pessoas, então, assim como o tolo que adora ouvir a própria voz, perdemos a oportunidade de adquirir conhecimentos e de fazer novas descobertas.

Esta carta está lhe pedindo para prestar bastante atenção nas idéias das outras pessoas. Até mesmo a oportunidade de conhecer um estranho pode trazer sabedoria. Até mesmo uma criança inocente pode nos conduzir a novas revelações.

Se você mantiver a mente aberta e imparcial e se dispuser a ouvir, vai aprender com toda Alma que encontrar.

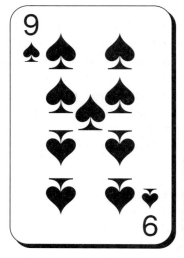

CONSULTA RÁPIDA

Você consegue identificar um sábio no meio de uma multidão? Ele é aquele que está expondo longamente suas idéias ou aquele que está ouvindo atentamente? O sábio sabe que nada tem a aprender ouvindo a própria voz. Ele reconhece que todos nós — rei ou mendigo, juiz ou ladrão — somos dotados de conhecimentos, sabedoria, intuição e experiência que merecem ser ouvidos e explorados. Se você mantiver a mente aberta e imparcial e se dispuser a ouvir, vai aprender com toda Alma que encontrar.

♠
DEZ DE ESPADAS

REPROGRAMAÇÃO

O dez de espadas pede que você pense de forma positiva sobre cada situação ou relacionamento que está lhe causando ansiedade. Em vez de temer o fracasso ou de se preparar para o pior, programe seu subconsciente para o sucesso.

À medida que você estabelecer a base para atingir os seus objetivos por meio dos seus atos exteriores, diga insistentemente ao seu subconsciente que está fazendo progressos e que vai obter êxito.

Quando surgirem os medos e as dúvidas, em vez de dar poder e controle a esses pensamentos, trabalhe com afinco para dar-lhes uma direção mais positiva. Essa atitude pode influenciar todos os aspectos da sua vida. Se, por exemplo, você se sentir fisicamente doente, diga ao seu subconsciente que está se sentindo bem.

Quaisquer que sejam os seus objetivos (quer envolvam trabalho, relacionamentos, saúde, situação financeira, crescimento espiritual, satisfação emocional ou abandono de um hábito), você pode tomar rumos mais positivos com esforço consciente e reprogramação do subconsciente.

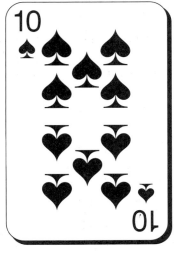

CONSULTA RÁPIDA

Pense de forma positiva sobre cada situação ou relacionamento que está causando ansiedade. Reprograme o seu subconsciente para o sucesso. Quando surgirem os medos e as dúvidas, em vez de dar poder e controle a esses pensamentos, trabalhe com afinco para dar-lhes uma direção mais positiva. Essa reprogramação pode influenciar todos os aspectos da sua vida.

♠
VALETE DE ESPADAS

TRANSFERÊNCIA

Se você não sabe o que fazer diante de determinada situação ou de um relacionamento, transfira o dilema para o seu subconsciente.

Em vez de se desgastar tentando encontrar uma solução, peça ao seu subconsciente para assumir o controle.

Transfira o problema, esqueça-o e não deixe que ele volte a povoar seus pensamentos. A resposta não vai demorar a aparecer.

Seu subconsciente tem uma grande capacidade de melhorar a sua qualidade de vida. Ele armazena cada sentimento e cada lição aprendida.

E, o mais importante, o subconsciente é a essência da sua Alma. Ele sabe para que você veio a este mundo e o que você tem de aprender.

Quando você transfere o problema para o seu subconsciente, você recebe uma resposta baseada nas suas necessidades de crescimento.

Pode ser que nem sempre você goste da resposta, mas tente se lembrar de que está recebendo um conselho fundamentado nas suas exigências mais profundas de crescimento.

CONSULTA RÁPIDA

Se você não sabe o que fazer diante de determinada situação ou de um relacionamento, transfira o dilema para o seu subconsciente. Em vez de se desgastar tentando encontrar uma solução, peça ao seu subconsciente para assumir o controle. Transfira o problema, esqueça-o e não deixe que ele volte a povoar os seus pensamentos. A resposta não vai demorar a aparecer.

DAMA DE ESPADAS

COMPREENSÃO

Todos nós enfrentamos conflitos, reveses e dificuldades. Às vezes deparamos com obstáculos tão grandes que eles chegam a mudar a nossa maneira de viver e a nossa compreensão do mundo.

Você superou uma dificuldade recentemente. Pode ter sido um grande obstáculo que operou mudanças profundas no seu mundo, ou um acontecimento menos expressivo com conseqüências de menores proporções. Independentemente da magnitude do obstáculo, agora você tem de encontrar um significado em tudo isso.

Ninguém passa por uma privação sem que tenha a oportunidade de aprender e crescer. O que você aprendeu? Você passou a compreender melhor seus anseios de felicidade? Você se tornou uma pessoa mais forte? Isso o aproximou de outra pessoa?

Procure descobrir o que você ganhou com as últimas dificuldades que superou e tente incorporar esses conhecimentos em todos os aspectos da sua vida.

CONSULTA RÁPIDA

Você enfrentou um conflito, um revés ou uma dificuldade recentemente. Pode ter sido um grande obstáculo que operou mudanças profundas no seu mundo, ou um acontecimento menos expressivo com conseqüências de menores proporções. Está na hora de procurar um significado em tudo isso. Descubra de que maneira você cresceu com essa dificuldade e tente incorporar o conhecimento adquirido em todos os aspectos da sua vida.

♠

REI DE ESPADAS

INSPIRAÇÃO

De tempos em tempos, somos contemplados com momentos extraordinários, embora fugazes, de verdade e compreensão.

Algumas vezes chamada de êxtase ou devaneio, é uma sensação de estar fora de si mesmo e de estar enxergando o mundo com outros olhos, um sentimento de clareza cristalina e de uma compreensão aparentemente ilimitada da nossa natureza interior e do lugar que ocupamos no mundo.

Agora você pode receber esse tipo de inspiração. Aproveite cada oportunidade para se afastar do ruído e da confusão da vida. Encontre lugares e circunstâncias que lhe tragam paz e serenidade e ouça a sabedoria que advém quando o seu mundo exterior está em paz e a sua mente está aberta para uma exploração interior.

A revelação que você recebe é a sua Alma que o está impelindo a fazer alterações duradouras na sua vida.

Aja com a sabedoria da sua Alma e você será abençoado com crescimento, satisfação e evolução espiritual.

CONSULTA RÁPIDA

Você pode estar passando por momentos de Inspiração. Algumas vezes chamada de êxtase ou devaneio, é uma sensação de estar fora de si mesmo e de estar enxergando o mundo com outros olhos, um sentimento de clareza cristalina e de uma compreensão aparentemente ilimitada da nossa natureza interior e do lugar que ocupamos no mundo. Essa é a sua alma que o está impelindo a realizar mudanças duradouras na sua vida.

CAPÍTULO QUATRO

COPAS

Copas está ligado às emoções, às atitudes e aos sentimentos.
Quando você tira uma carta de Copas do baralho,
tem oportunidade de ter uma grande sensação
de felicidade e plenitude.

♥

ÁS DE COPAS

RAIVA

O Ás de Copas está relacionado com a liberação dos sentimentos de raiva que impedem o seu crescimento em alguns aspectos da sua vida emocional.

A raiva pode estar ligada a algum acontecimento do passado ou representar uma reação a circunstâncias atuais. Não importa a origem desses sentimentos; é essencial que você os supere para que possa se sentir bem e evoluir espiritualmente.

Para lidar com a raiva é importante reconhecer o seu poder, compreender seus efeitos em todos os aspectos da vida, enfrentar de forma construtiva a sua fonte, liberar a dor e, acima de tudo, perdoar. Nunca é bom guardar rancor.

A raiva representa uma resposta válida a um comportamento inadequado; mas quem guarda rancor permanece no papel de vítima muito tempo depois do evento.

Recuse-se a deixar que a raiva interfira nas coisas boas que lhe estão reservadas no futuro.

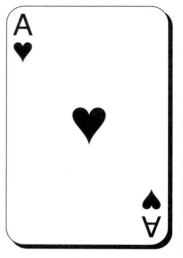

CONSULTA RÁPIDA

O Ás de Copas está relacionado com a liberação dos sentimentos de raiva que impedem o seu crescimento em alguns aspectos da sua vida emocional. Para lidar com a raiva de forma eficaz é preciso reconhecer o seu poder, compreender seus efeitos em todos os aspectos da vida, enfrentar de forma construtiva a sua fonte, liberar a dor e, acima de tudo, perdoar. Quem guarda rancor fica no papel de vítima durante muito tempo

DOIS DE COPAS

MEDO

O Dois de Copas está ligado à liberação dos sentimentos de medo que o impedem de fazer progressos em algumas áreas da sua vida.

Todo mundo sente medo diante de novas experiências. Todo mundo fica apreensivo diante do pensamento de deixar atividades seguras, conhecidas e previsíveis.

Quem vence o medo é recompensado com uma sensação maravilhosa de realização e satisfação pessoal.

Quem se deixa dominar pelo medo perde oportunidades e desafios que estão mais próximos do seu coração, ficando apenas com sentimentos de remorso pelo que pode ter perdido.

Se um desafio, uma atividade ou um objetivo tem um significado especial para você, decida-se a explorar suas possibilidades.

Deixe o seguro e o previsível. Mergulhe no arrebatamento de satisfazer seus desejos mais profundos.

CONSULTA RÁPIDA

O Dois de Copas está ligado à liberação dos sentimentos de medo que o impedem de fazer progressos em algumas áreas da sua vida. Todo mundo sente medo diante de novas experiências. Não deixe que o medo o impeça de explorar desafios, atividades e objetivos que têm um significado especial para você.

TRÊS DE COPAS

CULPA

O Três de Copas está ligado à liberação dos sentimentos de culpa que o impedem de realizar conquistas.

Por mais desconexo que pareça, a culpa — que talvez remonte à infância — pode afetar sua vida atual de várias formas. Ela pode permanecer na sua mente consciente, afetando o seu senso de valor próprio e minando sua força emocional.

Além disso, pode espreitar nos cantos escuros do seu subconsciente, reduzindo lentamente a sua capacidade de realizar conquistas e de criar novos mundos para si mesmo.

Se você fez ou disse algo que magoou outras pessoas ou cometeu algum ato do qual se envergonha, é essencial para o seu bem-estar emocional que você perdoe a si mesmo.

Você não pode mudar o passado, mas pode mudar o futuro. Aceite a idéia de que você é falível, perdoe a si mesmo e liberte-se da culpa que vem usando para se punir pelos erros que cometeu no passado.

CONSULTA RÁPIDA

O Três de Copas está ligado à liberação dos sentimentos de culpa que o impedem de realizar conquistas. A culpa pode afetar a sua vida atual de várias formas. Se você fez ou disse algo que magoou outras pessoas, ou cometeu algum ato do qual se envergonha, está na hora de se perdoar e de se libertar da culpa que vem usando para se punir.

QUATRO DE COPAS

AMARGURA

O Quatro de Copas está relacionado com a liberação dos sentimentos de amargura que o impedem de criar novos mundos para si mesmo.

A amargura é um reviver permanente da dor associada a uma circunstância infeliz. É um estado no qual a força, a energia e o entusiasmo são consumidos por ressentimento e sofrimento.

Não se deixe consumir pelo sofrimento. Em vez de remoer a dor associada a uma injustiça, veja se há uma porta que leve a uma nova oportunidade — um desafio que encerre fortalecimento, revelação e evolução espiritual.

As lições da vida assumem várias formas. Algumas são positivas e inspiradoras, enquanto outras trazem dor e limitação. No entanto, toda experiência representa uma oportunidade para crescer.

Se você considerar a dor e a injustiça como oportunidades para crescer, logo fará conquistas.

Tente se lembrar de que alguns dos caminhos mais árduos conduzem aos destinos mais serenos.

CONSULTA RÁPIDA

O Quatro de Copas está relacionado com a liberação dos sentimentos de amargura que o impedem de criar novos mundos para si mesmo. Em vez de remoer a dor associada a uma injustiça, veja se há uma porta que o leve a uma nova oportunidade — um desafio que encerre fortalecimento, revelação e evolução espiritual. Tente se lembrar de que alguns dos caminhos mais árduos conduzem aos destinos mais serenos.

CINCO DE COPAS

INFELICIDADE

O Cinco de Copas está relacionado com os sentimentos de infelicidade que de algum modo estão afetando a sua vida.

Se você está infeliz, procure descobrir por quê, tente compreender o que causou esse sentimento e o que precisa fazer para dar novos rumos à sua vida.

Tente se lembrar de que a infelicidade muitas vezes representa uma passagem para circunstâncias mais venturosas. Ela serve para lembrá-lo de que algum aspecto da sua vida não está mais em sintonia com você.

A infelicidade é um sinal de que você está pronto para crescer e enfrentar novos desafios.

Em vez de se apegar a circunstâncias impróprias e de se sentir infeliz, esforce-se para criar um novo mundo que esteja mais em conformidade com a sua necessidade de ser feliz e de alcançar a plenitude.

CONSULTA RÁPIDA

O Cinco de Copas está relacionado com os sentimentos de infelicidade que de alguma forma estão afetando a sua vida. Tente descobrir o que causou esse sentimento e o que você precisa fazer para dar novos rumos à sua vida. Tente se lembrar que a infelicidade muitas vezes é um sinal de que a vida que você está levando não está mais em sintonia com você. Você está pronto para crescer e enfrentar novos desafios.

SEIS DE COPAS

PARE

Algumas vezes ficamos tão absorvidos pelas responsabilidades mundanas — contas, supermercado, obrigações, prazos — que não reconhecemos que a vida é um bem precioso.

Esta carta pede que você reflita sobre os dons e as bênçãos da sua vida. Saúde, amigos, família, abrigo, comida, trabalho, liberdade... privilégios que algumas vezes não são reconhecidos como direitos.

Não espere ficar doente para compreender como é bom sentir-se bem. Não espere que um ente querido parta para reconhecer o quanto ele acrescentava à sua vida. Não espere passar apertos financeiros para compreender a segurança de ter comida farta na sua mesa.

Pare e desfrute as inúmeras bênçãos da sua vida. Tente ver, cheirar, tocar e saborear tudo o que está à sua volta como se fosse a primeira vez. Da próxima vez que se sentir triste, solitário ou insatisfeito com qualquer aspecto da sua vida, pense nos pequenos privilégios que a vida lhe oferece todos os dias.

CONSULTA RÁPIDA

Faça uma pausa nas suas responsabilidades mundanas — contas, obrigações, prazos — para desfrutar os pequenos privilégios que algumas vezes não são reconhecidos como direitos.
Não espere ficar doente para compreender como é bom sentir-se bem. Não espere ter uma discussão com um ente querido para reconhecer o quanto ele acrescentava à sua vida. Da próxima vez que se sentir triste, solitário ou insatisfeito, pense nos pequenos privilégios que a vida lhe oferece todos os dias.

SETE DE COPAS

ACEITAÇÃO

O Sete de Copas significa um novo sentimento de aceitação de alguns aspectos da sua vida emocional.

Você descobre que consegue aceitar melhor as suas falhas e convicções, e também as de outras pessoas.

Com a aceitação vem a compreensão de que cada um de nós está empreendendo sua própria jornada. Todos nós temos pontos fortes e fracos, que são fundamentais para alcançarmos o nosso destino.

Em vez de ficar envergonhado com as suas fraquezas, você pode compreender que elas fazem parte da sua natureza. Em vez de ficar furioso com as falhas das outras pessoas (ou convicções e ideais com os quais você não compartilha), procure aceitá-las.

Agora, mais do que nunca, você compreende que não tem sentido persuadir os outros a viverem de acordo com as suas convicções, assim como os outros não têm o direito de forçá-lo a viver de acordo com os preceitos morais e os ideais que eles prezam.

CONSULTA RÁPIDA

O Sete de Copas significa um novo sentimento de aceitação de alguns aspectos da sua vida emocional. Você descobre que consegue aceitar melhor as suas falhas e as convicções, bem como as atitudes e falhas das outras pessoas. Com a aceitação vem a compreensão de que cada um de nós está empreendendo a sua própria jornada. Todos nós temos pontos fortes e fracos, que são fundamentais para alcançarmos o nosso destino.

♥

OITO DE COPAS

ALEGRIA

O Oito de Copas é uma carta esplêndida que significa uma nova sensação de alegria.

Em vez de se atormentar com fatos que ocorreram no passado ou de se preocupar com acontecimentos que podem ou não vir a acontecer, você pode se concentrar no presente e descobrir alegria na luta cotidiana para realizar seus objetivos.

Use esse tempo para mergulhar por inteiro na experiência de viver. Esforce-se para observar as pequenas coisas que você não valoriza.

Crie circunstâncias que o aproximem de pessoas e lugares que são importantes para você.

Além disso, tente compartilhar sua nova sensação de alegria com as pessoas que o cercam.

Se descobrir que os outros não conseguem partilhar seu entusiasmo, faça com que eles se lembrem da natureza precária da vida.

Deixe que eles saibam que só conhecemos a alegria quando o nosso coração, a nossa mente, o nosso espírito e o nosso corpo estão concentrados no presente.

CONSULTA RÁPIDA

O Oito de Copas é uma carta esplêndida que significa uma nova sensação de alegria. Em vez de se atormentar com fatos que ocorreram no passado ou de se preocupar com acontecimentos que podem ou não vir a acontecer, você pode se concentrar no presente e descobrir alegria nas pequenas coisas da vida.

NOVE DE COPAS

FÉ

O Nove de Copas é um amável lembrete de que você precisa ter fé. Se você não sabe como se sentir em relação aos fatos que estão moldando a sua vida atualmente, tenha fé de que os acontecimentos vão contribuir para o seu crescimento.

Não há como compreender totalmente a jornada da vida. Muitas vezes você viaja às cegas, sem saber o significado de muitas curvas e desvios; sem compreender a importância das inúmeras pessoas que você conheceu ao longo do caminho.

No final, você vai descobrir que cada etapa da jornada foi importantíssima para que você chegasse ao seu destino.

Tenha certeza de que todos os obstáculos, percalços e desapontamentos, bem como as alegrias, recompensas e conquistas — o aproximam da sua evolução espiritual.

Com fé, você enfrenta e supera qualquer desafio. Com fé, você tem a sabedoria necessária para ver que cada curva do caminho representa uma oportunidade e uma bênção.

CONSULTA RÁPIDA

O Nove de Copas é um amável lembrete de que você precisa ter fé. Se você não sabe como se sentir em relação aos fatos que atualmente estão moldando a sua vida, tenha fé de que os acontecimentos vão contribuir para o seu crescimento.

DEZ DE COPAS

FORÇA DE VONTADE
Você pode conseguir sucesso em praticamente tudo o que fizer, contanto que tenha força de vontade.

Talvez seja preciso fazer sacrifícios pessoais e afastar as suas dúvidas e as dúvidas dos outros. Talvez você encontre dificuldades à medida que se aproxima do seu objetivo. Às vezes você pode até ficar convencido de que o resultado final não compensa os problemas que terá de enfrentar.

Mas se você for perseverante, reconhecer que é normal ter dúvidas quando se decide a tomar novos rumos e continuar a fazer tudo o que estiver ao seu alcance, certamente você vai colher os louros.

Lembre-se de que o sucesso é produto tanto da força de vontade como da ação. Se através dos seus atos exteriores você lutar para alcançar um objetivo que não é importante para o seu coração, seu subconsciente não vai ajudá-lo.

Se, contudo, você combinar uma vontade férrea e um grande desejo interior de conseguir êxito, não existe contratempo, frustração ou fracasso que o impeça de alcançar seus objetivos.

CONSULTA RÁPIDA
Você pode conseguir sucesso em praticamente tudo o que fizer, contanto que tenha força de vontade. Talvez seja preciso fazer sacrifícios pessoais e afastar as suas dúvidas e as dúvidas dos outros. Talvez você fique convencido de que o resultado final não compensa os problemas que terá de enfrentar. Mas se você for perseverante, reconhecer que é normal ter dúvidas quando se decide a tomar novos rumos e continuar a fazer tudo o que estiver ao seu alcance, certamente você vai ter sucesso.

VALETE DE COPAS

PAIXÃO

O Valete de Copas é a carta da paixão e significa a necessidade de ir em busca dos objetivos, dos desejos, das convicções e dos interesses que vão trazer a paixão para a sua vida.

Todos nós somos apaixonados por alguma coisa. Alguns são apaixonados por passatempos e interesses, outros por política, outros por conquistas espirituais ou intelectuais e outros, ainda, por metas profissionais.

Qualquer que seja a sua paixão, o Valete de Copas representa um lembrete de que você precisa respeitar as coisas que são mais importantes na sua vida.

Veja se você está se empenhando para atingir essas metas e esses ideais que lhe são tão caros. Não desperdice o seu valioso tempo nem a sua energia com objetivos irrelevantes.

Tantas pessoas falam sobre as coisas que gostariam de fazer e sobre os lugares que gostariam de visitar "algum dia". A menos que você se dedique de corpo e alma às suas paixões, esse dia nunca vai chegar.

CONSULTA RÁPIDA

O Valete de Copas é a carta da paixão e significa a necessidade de ir em busca dos objetivos, dos desejos, das convicções e dos interesses que vão trazer a paixão para a sua vida. Veja se você está se empenhando para ir em busca dessas paixões em vez de desperdiçar tempo e energia com objetivos irrelevantes. Tantas pessoas falam sobre as coisas que gostariam de fazer e sobre os lugares que gostariam de visitar "algum dia". A menos que você se dedique de corpo e alma às suas paixões, esse dia nunca vai chegar.

DAMA DE COPAS

AMOR INCONDICIONAL

Agora você tem a oportunidade de dar e receber amor incondicional. Se você se preocupa com o fato de as pessoas mais próximas virem a conhecer o seu verdadeiro eu, agora você pode ficar descansado com a certeza de que é amado a despeito de qualquer receio ou fragilidade que você possa deixar transparecer.

Se você se reprimia por medo de se magoar ou de ser abandonado, agora pode mergulhar dentro de si mesmo com a certeza do amor incondicional.

A Dama de Copas também lhe dá a força necessária para superar sentimentos de ciúme e desconfiança que contribuem para destruir relacionamentos importantes na sua vida.

Se alguém que você ama de algum modo se sente inseguro, chegou a hora de lhe assegurar que não há motivos para temer o abandono.

Dê àqueles a quem você ama a força para mergulharem profundamente no relacionamento, sentindo a beleza do amor incondicional.

CONSULTA RÁPIDA

Agora você tem a oportunidade de dar e receber amor incondicional. Em vez de se refrear de alguma forma, você pode se libertar dos seus temores de abandono e do sentimento de ciúme. Se alguém que você ama se sente inseguro, está na hora de reafirmar seus sentimentos. Dê àqueles que lhe são caros força para mergulharem profundamente no relacionamento e vivenciarem a beleza do amor incondicional.

REI DE COPAS

PAZ

O Rei de Copas mostra uma excelente oportunidade de sentir paz.

Os acontecimentos atuais lhe dão a força necessária e a oportunidade de eliminar os supérfluos. Seus atos estão de acordo com os objetivos e ideais que você mais preza.

Você também experimenta uma sensação de serenidade e de compreensão que lhe dão mais capacidade para alcançar os objetivos que são mais importantes para você.

Aproveite todas as oportunidades de sentir a paz. Mergulhe no presente e concentre-se nos objetivos e ideais que você mais deseja alcançar.

A paz não precisa ser uma sensação fugaz de calma que sobrevém quando as coisas estão saindo do modo como você gostaria. Você pode encontrar paz em cada momento, contanto que se esforce para pautar a sua vida pelos valores, ideais e objetivos que lhe dão mais prazer e sentimento de realização.

Só você sabe o que lhe traz paz, e só você pode trazer paz para a sua vida.

CONSULTA RÁPIDA

O Rei de Copas mostra uma excelente oportunidade de sentir paz. Ter paz significa viver de acordo com os ideais interiores e com as circunstâncias externas. Os acontecimentos atuais lhe dão a força necessária e a oportunidade de eliminar os supérfluos e de viver de acordo com os objetivos e ideais que você mais preza.

CAPÍTULO CINCO

OUROS

♦

Ouros está ligado ao mundo físico.
Quando você tira uma carta de Ouros do baralho, tem
a oportunidade de obter melhoras no âmbito da saúde,
das finanças, do trabalho e da vida familiar.

♦

ÁS DE OUROS

NOVO COMEÇO

Você está recebendo sinais, que podem variar desde pequenos lampejos que chegam à sua consciência como uma leve brisa até uma tempestade repentina que altera completamente a sua visão do mundo e do papel que você desempenha nele.

Sua Alma está lhe dizendo que está na hora de fazer mudanças na sua vida. Talvez você esteja insatisfeito com um relacionamento ou descontente com o seu trabalho.

Talvez queira mudar de casa ou abandonar um hábito que o está atrapalhando. Seja qual for o caso, você está recebendo sinais de que chegou a hora de crescer.

O que você precisa é de muita força interior e reflexão. Olhe bem dentro de você mesmo para descobrir que parte da sua vida precisa ser reformulada.

Não tome decisões apressadas; tente compreender os fatos que desencadearam essa situação. Acima de tudo, não tema a mudança. Esse é um sinal de que você está ficando mais forte e mais sábio.

CONSULTA RÁPIDA

Sua Voz Interior está lhe dizendo que está na hora de realizar uma importante mudança no seu mundo exterior. Reflita bem sobre a área da sua vida que precisa ser reformulada.

DOIS DE OUROS

LIBERAÇÃO

Você está sendo exortado a abandonar uma parte da sua vida que não está mais em sintonia com a sua nova maneira de ser.

Depois de realizar essa importante tarefa, você pode começar a formar a base para uma nova vida, mais condizente com as suas necessidades de plenitude.

Compreenda que você não pode realizar nenhuma conquista se não se libertar dessa parte da sua vida que está impedindo o seu progresso.

Comece pelo começo. Pense em cada detalhe da fonte da sua plenitude. Faça uma visualização mental. Agora, dê o primeiro passo.

Elimine todas as resistências à medida que elas surgirem. Não pense em tudo o que vai precisar fazer para chegar ao final da sua jornada ou você será vencido antes de começar.

Em vez disso, tome a direção certa e dê cada passo lentamente, confiando em si mesmo.

Lembre-se de que o desafio está em harmonia com as suas necessidades mais profundas de crescimento.

CONSULTA RÁPIDA

Uma parte da sua vida não combina mais com a sua nova maneira de ser. Você precisa abandonar um hábito, um relacionamento ou uma situação que ficaram impróprios antes de tomar uma direção mais positiva. Dê um passo de cada vez e concentre-se no seu progresso, em vez de ficar calculando quanto falta para concluir a jornada.

TRÊS DE OUROS

MEDO

Quando deixamos alguma coisa para trás e tomamos novos rumos, muitas vezes sentimos um medo repentino. Somos criaturas apegadas a hábitos. Quando mudamos esses hábitos, deparamos com o desconhecido, que pode ser um amigo ou um inimigo. Tudo depende da nossa atitude.

Se você está enfrentando o desconhecido em alguma situação ou relacionamento, lute para fazer dele um amigo.

Se está convencido de que a mudança é necessária e acha que está pronto para fazê-la, não há nada a temer. Dome o desconhecido como faria com um cavalo selvagem. Deixe que ele o leve a lugares que você sempre desejou conhecer. Deixe que ele abra os seus olhos para o potencial indomado da sua natureza.

Se você se surpreender lutando com o desconhecido, lembre-se: toda mudança envolve trabalho e incerteza. O crescimento nunca é um processo fácil. Você só vai fazer progressos se abandonar o medo e explorar o desconhecido com a mente aberta.

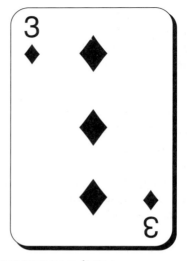

CONSULTA RÁPIDA

Quando deixamos alguma coisa para trás e tomamos novos rumos, muitas vezes sentimos um medo repentino. Isso acontece porque abandonamos nossos hábitos e deparamos com o desconhecido. Faça dele um amigo. Dome o desconhecido como faria com um cavalo selvagem. Deixe que ele o leve a lugares que você sempre desejou conhecer. Deixe que ele abra os seus olhos para o potencial indomado da sua natureza.

QUATRO DE OUROS

O DESCONHECIDO

Pode ser que você se surpreenda procurando sinais de que está no rumo certo em alguma situação ou num relacionamento. Resista a esse impulso.

A situação exige que você se atire no desconhecido com a mente aberta. Feche os olhos, dê o primeiro passo e tenha certeza de que seus atos estão de acordo com suas necessidades de crescimento. Em vez de analisar as possíveis conseqüências e de se preparar para o sucesso ou para o fracasso, mergulhe de corpo inteiro na experiência.

Pense nas vezes que você realizou mudanças importantes. Pode ser que os resultados não tenham sido os esperados, mas no final os caminhos o conduziram a uma nova oportunidade.

O Quatro de Ouros fornece a força de que você precisa para se atirar no desconhecido, para se libertar dos fardos da tensão e da expectativa.

Lembre-se de que sua alma defende mudanças e o encoraja a buscar o sucesso.

CONSULTA RÁPIDA

Pode ser que você se surpreenda procurando sinais de que está no rumo certo em alguma situação ou num relacionamento. Resista a esse impulso. A situação exige que você se atire no desconhecido com a mente aberta. Feche os olhos, dê o primeiro passo e tenha certeza de que seus atos estão de acordo com as suas necessidades de crescimento.

CINCO DE OUROS

MUDANÇA

As coisas estão acontecendo rapidamente na sua vida. Novos desafios e responsabilidades são típicos do Cinco de Ouros.

Do lado positivo, você está começando a colher os frutos do seu trabalho.

As pessoas vêem em você um sentimento de significado e compreensão, e você vai descobrir que os amigos e os familiares são atraídos para o seu sentido de direção aparentemente contagiante.

Do lado negativo, você pode começar a se cansar do acúmulo de responsabilidades.

Pode até mesmo haver momentos em que você vai querer desistir porque está consumindo muito do seu tempo e da sua energia. Não faça isso.

Esta é a hora de mudar, e para obter êxito é essencial que você tome a dianteira.

Mantenha o curso atual da sua jornada e considere cada porta que se abrir como um passo importante e maravilhoso. Mais tarde você terá tempo de curtir os resultados do seu trabalho.

CONSULTA RÁPIDA

Estão surgindo novos desafios e novas responsabilidades na sua vida. Do lado positivo, você está começando a colher os frutos do seu trabalho. Do negativo, pode haver momentos em que você vai querer desistir porque está consumindo muito do seu tempo e da sua energia. Para ter êxito, é essencial que você tome a dianteira.

SEIS DE OUROS

PROSPERIDADE — SUCESSO
Você completou um círculo nos seus esforços para melhorar o seu mundo exterior. Você identificou uma necessidade de mudança, fez o que devia fazer e agora pode descansar certo de que seus esforços não foram em vão.

Esta carta mostra um excelente avanço em algum aspecto do seu mundo exterior: uma conquista na carreira, um ganho financeiro, uma melhora na saúde, um projeto concluído, um objetivo alcançado ou um relacionamento que precisava de ajustes.

Se você está começando a ver os resultados dos seus esforços, continue a fazer o trabalho de base. Se já está colhendo bons frutos, aproveite e rejuvenesça.

O único perigo que você corre é o de perder a humildade. Continue humilde e partilhe a sua boa sorte. Tente se lembrar da satisfação que sentimos quando superamos um obstáculo. Dessa forma, da próxima vez que você enfrentar um desafio — e sempre haverá outro — o caminho não vai ser tão árduo.

CONSULTA RÁPIDA
Esta carta mostra um excelente avanço em algum aspecto do seu mundo exterior: talvez uma conquista na carreira, um ganho financeiro, uma melhora na saúde ou a conclusão de um importante projeto. Curta a sua boa sorte, mas conserve a humildade.
Se você for humilde e agradecido, o seu sucesso terá um significado mais profundo e mais duradouro.

SETE DE OUROS

EXCESSOS

Os padrões de excesso estão em primeiro plano em alguns aspectos da sua vida. Você não está respeitando seus limites físicos.

Alguém está fazendo você trabalhar além da conta ou *você* está colocando em risco a sua saúde e seu bem estar físico?

Cabe sempre a você reconhecer que está se excedendo. Se você se sentir esgotado ou explorado em alguma situação ou num relacionamento, respeite os seus limites. Reserve algum tempo só para você. Coma bem, descanse, faça exercícios e recupere seu equilíbrio físico.

Lembre-se da diferença entre quantidade e qualidade. Quando você trabalha além dos limites, a qualidade do trabalho cai. Em vez de se sentir satisfeito, você vai ficar desapontado ao ver que seus esforços produziram resultados tão medíocres.

Quando você abordar o trabalho com brilho nos olhos e uma Alma descansada, vai descobrir e explorar melhor o seu potencial.

CONSULTA RÁPIDA

Você está ultrapassando seus limites físicos e emocionais. Procure descobrir se alguém está fazendo você trabalhar além da conta ou se você está colocando em risco sua saúde e bem-estar físico. Cabe sempre a você reconhecer que está se excedendo.

OITO DE OUROS

ENCRUZILHADA

Pode ser que você tenha de tomar uma difícil decisão. Você conseguiu certo sucesso exterior e cresceu. Você gostou do caminho que escolheu, mas talvez ele esteja ficando excessivamente familiar e previsível.

Você está pensando em tomar um novo rumo, deixando para trás todos os elementos com os quais está familiarizado. Estes poderão ser tempos difíceis. Independentemente do caminho que você escolher, sempre haverá vantagens e sacrifícios.

O caminho mais fácil, provavelmente, é aquele em que você está, pois você já conhece o terreno. No entanto, se estiver no caminho errado, o pior ainda está por vir.

Procure sinais dentro de você. Sua Voz Interior vai ajudá-lo a decidir qual é o melhor caminho.

Lembre-se de que o mais difícil da jornada é decidir que trilha tomar. A partir daí, simplesmente coloque um pé na frente do outro até chegar ao seu destino.

CONSULTA RÁPIDA

Talvez você esteja numa encruzilhada em alguma situação ou num relacionamento. Você alcançou certo sucesso exterior, mas talvez esteja achando tudo excessivamente familiar e previsível. Procure sinais dentro de você. Sua Voz Interior é um guia paciente e útil. Lembre-se de que o mais difícil da jornada é decidir que trilha tomar.

NOVE DE OUROS

DEFINIÇÃO DE SUCESSO
Esta carta diz respeito à definição das suas necessidades mais prementes para obter sucesso.

Você precisa de bens materiais e de segurança financeira ou é governado por ideais menos palpáveis, como independência, expressão criativa ou desenvolvimento intelectual?

Você prefere a companhia dos amigos e familiares ou se sente mais à vontade entre os colegas de trabalho?

Reflita sobre as coisas que realmente lhe dão prazer. Pergunte a si mesmo se seus atos estão de acordo com a sua definição de sucesso.

A maioria das pessoas está insatisfeita com seu trabalho e fica contando os dias que faltam para os fins de semana e os feriados para poder viver quando, com esforço e dedicação, elas poderiam encontrar maneiras de viver intensamente cada momento da sua vida.

CONSULTA RÁPIDA
Esta carta diz respeito à definição das suas necessidades mais prementes para obter sucesso. Você precisa de bens materiais e de segurança financeira ou é governado por ideais menos palpáveis, como independência, expressão criativa ou desenvolvimento intelectual? Reflita sobre as coisas que realmente lhe dão prazer. Pergunte a si mesmo se os seus atos estão de acordo com a sua definição de sucesso.

DEZ DE OUROS

PLENITUDE

Você está em paz com o seu mundo exterior. Você definiu o que precisa para obter sucesso e, agora, pode caminhar a passos largos na direção das metas que são mais importantes para você.

Quer diga respeito à saúde, à situação financeira ou à vida familiar, você pode encontrar uma plenitude duradoura se ficar no seu curso atual, mantendo o seu objetivo para atingir suas metas terrenas.

Lembre-se, entretanto, que o sucesso material não traz necessariamente felicidade e realização.

Você precisa alimentar as outras partes da sua natureza: sua mente, seu espírito e suas emoções.

O sucesso material sozinho leva ao vazio. O sucesso material, combinado com desafios mentais, revelações espirituais e fortes relações emocionais é a verdadeira definição de sucesso.

Lute para trazer plenitude para todas as arenas da sua vida e você será verdadeiramente abençoado.

CONSULTA RÁPIDA

Você está em paz com o seu mundo exterior. Você definiu o que precisa para obter sucesso e, agora, pode caminhar a passos largos para alcançar metas externas importantes para você (quer digam respeito à saúde, à situação financeira ou à vida familiar). Lembre-se, entretanto, que o sucesso material não traz necessariamente felicidade e realização. Você precisa alimentar as outras partes da sua natureza: sua mente, seu espírito e suas emoções.

VALETE DE OUROS

O PRESENTE

O que é necessário neste caso é manter um ritmo constante e equilibrado e viver o presente.

Se você consegue encontrar realização pessoal, alegria e satisfação dando — e não recebendo — você estará sempre bem.

Muitos de nós vivemos numa eterna espera: "Serei um homem feliz quando..." ou "As coisas vão melhorar quando...". Se você perceber que está se concentrando nos resultados e procurando obter realização no seu destino e não na sua jornada, tente se lembrar da natureza precária da vida.

Se você morresse amanhã, seus entes queridos poderiam dizer que você foi feliz e viveu plenamente ou ficariam com a trágica impressão de que você sacrificou sua felicidade no presente por metas que jamais seriam alcançadas?

Não deixe de se empenhar para alcançar seus objetivos, mas não olhe para eles como a sua fonte de felicidade. Em vez disso, procure encontrar alegria, plenitude e satisfação nas pequenas coisas.

CONSULTA RÁPIDA

Viva o momento presente: é o que esta carta está dizendo. Se você perceber que está se concentrando nos resultados e procurando alcançar realização no seu destino e não na sua jornada, tente se lembrar da natureza precária da vida. Se você morresse amanhã, seus entes queridos poderiam dizer que você foi feliz e viveu plenamente ou ficariam com a trágica impressão de que você sacrificou a sua felicidade no presente por metas que jamais seriam alcançadas?

DAMA DE OUROS

PARE — REFLITA

Talvez você esteja se sentindo inseguro, sem saber como agir diante de determinada situação ou de um relacionamento. É como se algum acontecimento tivesse chegado ao fim e, no entanto, faltasse alguma coisa.

O que você precisa é de uma conclusão. Antes de pôr fim a uma situação ou a um acontecimento, você precisa encontrar um significado.

Pare, fique quieto e reflita. Tente compreender por que isso aconteceu e que ensinamentos lhe trouxe.

Pense em como esse acontecimento influenciou o seu caráter, os seus relacionamentos, as suas convicções sobre o mundo e a sua compreensão de si mesmo.

Descubra as formas pelas quais você cresceu e ficou mais forte. Quando você compreender verdadeiramente por que tudo isso aconteceu, poderá incorporar essa experiência a todas as áreas da sua vida.

Você vai perceber que aprendeu com essa situação quando estiver diante de um novo desafio e de uma nova oportunidade de crescimento.

CONSULTA RÁPIDA

Talvez você esteja se sentindo inseguro, sem saber como agir diante de determinada situação ou de um relacionamento. É como se algum acontecimento tivesse chegado ao fim e, no entanto, faltasse alguma coisa. O que você precisa é de um encerramento. Tente compreender por que isso aconteceu e que ensinamentos lhe trouxe. Pense em como esse acontecimento influenciou o seu caráter, os seus relacionamentos, as suas convicções sobre o mundo e a sua compreensão de si mesmo.

REI DE OUROS

MORTE

Uma situação, um acontecimento ou um relacionamento chegou a um bom desfecho. Toda a energia canalizada na tentativa de produzir alterações positivas agora pode ser liberada.

Descanse e recupere a energia. Saboreie o que você ganhou — quer seja uma recompensa material, um crescimento espiritual, um desenvolvimento mental ou uma realização emocional.

Logo você terá de enfrentar o próximo desafio necessário para a evolução da sua Alma.

Tenha em mente o que você ganhou com esse desafio recente. Lembre-se de que todos os sacrifícios e privações valeram a pena, pois você cresceu.

Essa certeza o ajudará a enfrentar o próximo desafio.

Embora existam muitas razões para comemorar a sua conquista, não perca a humildade. A humildade diante do sucesso e do fracasso vai trazer equilíbrio a todas as áreas da sua vida.

CONSULTA RÁPIDA

Uma situação, um acontecimento ou relacionamento chegou a um bom desfecho. Toda a energia canalizada na tentativa de fazer mudanças positivas agora pode ser liberada. Descanse e se recupere. Logo você terá de enfrentar o próximo desafio necessário para a evolução da sua Alma. O único conselho é este: não perca a humildade.

♥ ♠ ♦ ♣

CAPÍTULO SEIS

PAUS

♣

Paus está ligado à energia espiritual.
Quando você tira uma carta
de Paus do baralho,
tem a oportunidade de adquirir
maior intuição e compreensão e de
evoluir espiritualmente.

♣

O naipe de Paus baseia-se nos Arquétipos do Inconsciente Coletivo de Carl Jung. Trata-se de características pessoais que todos temos.

ÁS DE PAUS

SOMBRA

Talvez você esteja com dificuldade para entrar em contato com a sua Sombra. A Sombra é o lado escuro e muitas vezes reprimido da sua natureza, o lugar onde você abriga sentimentos de egoísmo, raiva, ressentimento, inveja, medo e ganância.

Ela vem para o primeiro plano quando você perde o controle das suas emoções e diz ou faz coisas das quais se arrepende mais tarde.

A sombra faz parte da sua natureza. Quanto mais você tenta esconder e negar a sua existência, mais ela luta para trazer à tona todos os sentimentos negativos e impulsos que precisam ser expressos e liberados. Lute para liberar suas emoções mais sombrias quando elas emergirem.

Se você as reprimir, vai permitir que fiquem mais fortes e influenciem negativamente a sua vida.

Se você compreender que elas representam uma parte válida da sua natureza, elas ficarão menos propensas a vir à tona de forma imprópria, prejudicando a sua vida e os seus relacionamentos.

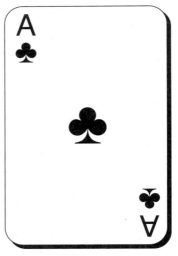

CONSULTA RÁPIDA

Talvez você esteja com dificuldade para entrar em contato com a sua Sombra. A Sombra é o lado escuro e muitas vezes reprimido da sua natureza, o lugar onde você abriga sentimentos de egoísmo, raiva, ressentimento, inveja, medo e ganância. Ela faz parte da sua natureza. Lute para liberar as suas emoções mais sombrias quando elas emergirem.

DOIS DE PAUS

PERSONA

Todos nós desempenhamos muitos papéis na vida: a mãe ou o pai carinhoso, o chefe de família responsável, o patrão confiável, o cônjuge atencioso, o cidadão cumpridor das leis. Alguns nos são dados pela sociedade, outros são criados por nós mesmos, como uma forma de nos sentirmos úteis e de ser aceitos.

A *Persona* pode desempenhar uma função positiva e uma negativa. Na melhor das hipóteses, ela ajuda a sociedade a funcionar de forma ordenada e produtiva. Na pior, pode limitar a compreensão que a pessoa tem de si mesma num nível superficial.

Quando você tira um Dois de Paus, significa que está limitando a compreensão que você tem de si mesmo. Talvez você esteja se vendo num nível superficial, em vez de explorar todos os lados da sua natureza.

É importante viver à altura das suas responsabilidades com a família, com os amigos, com o patrão e com a sociedade. Até mesmo o chefe de família responsável pode explorar a criança brincalhona que existe dentro dele.

CONSULTA RÁPIDA

O Dois de Paus o estimula a não limitar a compreensão que você tem de si mesmo a um nível superficial. Você desempenha vários papéis na vida: o chefe de família responsável, o patrão confiável, o cidadão cumpridor das leis... É importante viver à altura das suas responsabilidades, mas até mesmo o chefe de família responsável pode explorar a criança brincalhona que existe dentro dele.

TRÊS DE PAUS

ANIMA

A *Anima* é o lado "tradicionalmente" feminino da nossa natureza: o lado carinhoso, paciente e sensível da personalidade de homens e mulheres.

O Três de Paus, pode ser uma indicação de que você está em desequilíbrio e ficou excessivamente concentrado no lado sensível e carinhoso da sua natureza.

Talvez você se aborreça com facilidade ou se magoe à toa com palavras e reações que não tinham a intenção de o ofender.

Talvez você descubra que está preocupado demais com as necessidades das outras pessoas, a ponto de ignorar suas próprias necessidades em determinada situação ou relacionamento.

Descubra por que sua *Anima* ficou em primeiro plano. Depois de compreender por que ficou tão sensibilizado ou concentrado nas necessidades dos outros, poderá lutar para recuperar o equilíbrio e abordar situações, contando com os lados feminino e masculino da sua natureza.

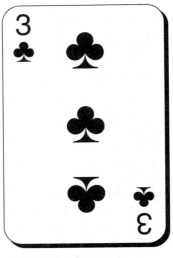

CONSULTA RÁPIDA

Você está vivendo em desequilíbrio. Sua *Anima*, o lado "tradicionalmente" feminino da sua natureza, está em primeiro plano. Isso faz com que você fique excessivamente sensível, que se magoe facilmente ou que só se preocupe com o bem-estar dos outros em detrimento do seu próprio bem-estar. Descubra por que isso aconteceu, e você poderá lutar para recuperar o equilíbrio e abordar situações, contando com os lados feminino e masculino da sua natureza.

QUATRO DE PAUS

ANIMUS

O oposto da *Anima* (o lado feminino da nossa natureza) é o *Animus*. Esse é o lado agressivo, lógico e voltado para os resultados da nossa personalidade, que embora esteja "tradicionalmente" associado aos homens também existe nas mulheres.

O Quatro de Paus pode indicar que você está em desequilíbrio e que ficou excessivamente concentrado no lado *Animus* da sua natureza.

Talvez você descubra que está se esquecendo dos sentimentos dos outros e ignorando o "fator humano" em alguma situação ou num relacionamento. Talvez esteja tão preocupado com os resultados, com o sucesso e com a possibilidade de subir na carreira que esteja se esquecendo da sua própria realização emocional, ou até mesmo das necessidades emocionais dos outros.

Descubra por que o seu *Animus* ficou em primeiro plano. Depois de compreender por que você ficou em desequilíbrio, poderá lutar para abordar situações contando com os lados masculino e feminino da sua natureza.

CONSULTA RÁPIDA

Animus é o oposto de *Anima*. Esse é o lado agressivo, lógico e voltado para os resultados da nossa personalidade. Essa carta está dizendo que você está em desequilíbrio e excessivamente preocupado em obter resultados e em subir na carreira, em detrimento das suas necessidades emocionais ou das necessidades emocionais dos outros. Lute para recuperar o equilíbrio e abordar as situações e os relacionamentos com os lados feminino e masculino da sua natureza.

CINCO DE PAUS

SELF

O Cinco de Paus é uma carta maravilhosa, que significa um contato direto com as forças espirituais da sua natureza.

O *Self* permite que você use os seus dons mágicos para realizar mudanças positivas na sua vida e na vida das pessoas que o cercam.

Ouça a sua intuição e fique atento a quaisquer acontecimentos sincronizados que estejam começando a surgir na sua vida. Tente compreender as mensagens que receber e aja de acordo com essa orientação.

Muitas vezes, quando o *Self* está envolvido, você vai descobrir que as pessoas com quem você convive, ou até mesmo estranhos, dão conselhos que podem melhorar a sua vida e a vida das pessoas que o cercam.

Você vai descobrir que seus dons paranormais — embora sempre estejam presentes — estão mais claros e podem ser usados para realizar mudanças positivas.

Apenas um lembrete: esse período de maior clareza não vai durar para sempre. Use a sua intuição de forma positiva e construtiva.

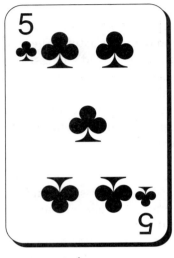

CONSULTA RÁPIDA

O Cinco de Paus significa um contato direto com as forças espirituais da sua natureza. Você vai conseguir usar os seus dons mágicos para realizar mudanças positivas na sua vida e na vida das pessoas que o cercam.

SEIS DE PAUS

MÃE

A Mãe representa a sua capacidade infinita de amar, de cuidar e de sentir compaixão.

Talvez você seja requisitado para cuidar de outras pessoas. Você tem uma grande capacidade de dizer exatamente o que as pessoas precisam ouvir e de fazer coisas que as tornam mais felizes e as deixam mais à vontade.

Existem três advertências associadas a esta carta:

A primeira é que você pode ficar concentrado nas necessidades dos outros em detrimento das suas próprias necessidades.

A segunda é que, ao levar conforto e sugerir os caminhos que as pessoas devem tomar, você pode sem querer influenciá-las a escolher um caminho que traz mais benefícios para você do que para elas.

A última advertência é a de que, ao "ajudar" os outros, você pode inadvertidamente tomar o controle deles. Não seja uma supermãe ou você vai acabar com um filho dependente. Quando as pessoas pedirem o seu apoio, compreenda que elas não estão passando a você o controle.

CONSULTA RÁPIDA

A Mãe é uma carta que mostra a sua capacidade infinita de amar e de cuidar das pessoas que estão à sua volta. Lembre-se de usar essa capacidade com sabedoria.
Se alguém pedir o seu apoio, não ofereça soluções nem tire dele o controle da situação.
Em vez disso, apóie as decisões que ele tomar.

SETE DE PAUS

PAI

Quando você recebe um Sete de Paus, pode ser que esteja agindo como um Pai para as pessoas que o cercam. Você renova a sua força para proteger os outros e atender às suas necessidades.

As pessoas são atraídas para você porque se sentem protegidas e seguras. Elas o vêem como um pai responsável que pode ajudá-las a vencer os obstáculos.

O lado positivo dessa carta é que você pode ajudar as pessoas que estão sem forças para ajudar a si mesmas.

O perigo é que você pode acabar sendo superprotetor.

Lembre-se de que algumas vezes as pessoas precisam sentir desconforto ou incerteza para crescer. Algumas lições são difíceis de aprender.

Se você as poupar das experiências desagradáveis da vida, vai privá-las das experiências que poderiam contribuir para o seu crescimento e realização.

CONSULTA RÁPIDA

O Pai está agindo no centro da sua natureza. Essa é a parte da sua personalidade que luta para proteger e abrigar as pessoas que estão à sua volta. As pessoas são atraídas para você porque se sentem seguras. Mas faça tudo para não ser superprotetor ou irá impedir que elas passem por situações importantes para o seu crescimento e desenvolvimento.

OITO DE PAUS

CRIANÇA DIVINA

Essa é a parte da sua personalidade que tem a grande capacidade de redescobrir a criança que existe em você. Você se surpreende sentindo-se desinibido e querendo brincar, sente uma nova sensação de maravilha, de arrebatamento e prazer. Você consegue se livrar dos fardos da vida adulta e colocar de lado a ansiedade em relação às suas metas e ao medo das conseqüências.

Se você tem se concentrado demais nos objetivos, nas responsabilidades e nas obrigações próprias dos adultos, essa carta está lhe pedindo para aliviar a carga e aproveitar as coisas boas que a vida tem a oferecer.

Se você acha que não vai conseguir relaxar e se divertir enquanto não tiver resolvido uma situação difícil, essa carta está lhe dizendo que a sua resposta também pode estar na capacidade de ver a situação com os olhos de uma criança.

A Criança Divina dentro de você pode ajudá-lo a ver todas as situações no seu nível mais puro e mais simples. Dessa forma, você vai encontrar a verdade livre de tumulto e de simulação.

CONSULTA RÁPIDA

A Divina Criança representa a sua capacidade de redescobrir as maravilhas, o arrebatamento e o espírito lúdico da sua natureza.
Se você tem se concentrado demais nas obrigações próprias dos adultos, essa carta está lhe pedindo para aliviar a sua carga e se divertir. Se você acha que não vai conseguir relaxar e se divertir enquanto não tiver resolvido uma situação difícil, essa carta está lhe dizendo que a sua resposta também pode estar na capacidade de ver a situação com os olhos de uma criança.

NOVE DE PAUS

SACERDOTISA

Geralmente a Sacerdotisa era a mediadora entre dois lados opostos: o bem e o mal, o céu e o inferno, a luz e as trevas. Ela tinha a difícil tarefa de reunir forças contrárias para o bem da comunidade.

Se você se surpreender agindo como mediador entre duas pessoas, tente conseguir uma solução conciliatória. Talvez você possa incorporar os pontos fortes dos dois lados para criar um todo mais forte, ou usar os pontos fortes de um dos lados para contrabalançar os pontos fracos do outro.

Se tiver de escolher entre dois caminhos diferentes, tente encontrar uma acomodação.

Em primeiro lugar, você deve ter a tranqüilidade necessária para distinguir entre as necessidades exteriores e a sabedoria interior da sua Alma. A partir daí, basta pôr mãos à obra.

Assim como em todas as jornadas, a parte mais difícil é colocar um pé na frente do outro, até alcançar o seu destino.

CONSULTA RÁPIDA

Geralmente, a Sacerdotisa era a mediadora entre a luz e as trevas, o céu e o inferno, o bem e o mal. Você pode ser convocado a atuar como mediador entre duas pessoas ou ter de escolher entre dois caminhos diferentes. Em primeiro lugar encontre a tranqüilidade necessária para distinguir entre as necessidades exteriores e a sabedoria interior da sua Alma. Depois, aja como um mediador e descubra um modo de encontrar uma solução conciliatória.

DEZ DE PAUS

HERÓI

As revistas em quadrinhos e os filmes retratam o herói como um indivíduo forte, corajoso e generoso. O Dez de Paus está lhe dizendo que você possui essas qualidades excepcionais e que pode usá-las para melhorar a sua vida e a vida das pessoas que o cercam.

Se você estiver analisando soluções para uma situação problemática na sua própria vida, olhe para dentro de você e descubra o Herói na sua alma. Se você conhece outras pessoas, até mesmo estranhos, que estão confusas ou enfrentando algum tipo de problema, aja como o Herói e ofereça ajuda incondicional.

O Herói não busca reconhecimento ou elogios. Ele oferece seus préstimos com abnegação, colocando a humanidade acima dos interesses pessoais.

Agir com heroísmo pode ser tão magnânimo quanto salvar uma vida, ou tão sutil quanto diminuir a marcha para deixar o outro motorista passar. Até o menor ato de bondade lança um simpático desafio ao mar de humanidade, que vai além de onde a vista pode alcançar.

CONSULTA RÁPIDA

O Herói significa que você possui qualidades excepcionais de força, coragem e generosidade e que pode usá-las para melhorar a sua vida e a das pessoas que o cercam. Se você estiver analisando soluções para uma situação problemática na sua própria vida, olhe para dentro de você e descubra o Herói na sua alma. Se você conhece outras pessoas, até mesmo estranhos, que estão confusas ou enfrentando algum tipo de problema, aja como o Herói e ofereça ajuda incondicional.

♣
VALETE DE PAUS

VELHO SÁBIO

De vez em quando, ficamos impressionados com um espantoso momento mágico de clareza. De repente, nós nos surpreendemos com uma compreensão cristalina do significado da vida e dos mecanismos do universo.

Como se tivesse sido abatido por um raio, nosso mundo parece estar de cabeça para baixo, e todas as respostas que sempre esperamos receber subitamente estão à nossa disposição.

Você atingiu esse nível de clareza numa situação ou num relacionamento. Assim como o Velho Sábio que se senta solitário para refletir sobre suas idéias, você vai se sentir compelido a sair da rotina diária e a explorar a profundidade do conhecimento e a compreensão que agora está aberta para você.

Não tenha medo de fazer um retiro. Aproveite de todos os modos esse momento. Você vai descobrir que o Velho Sábio em sua Alma não vai lhe dar apenas respostas, mas uma nova sensação de inspiração, energia e profunda alegria.

CONSULTA RÁPIDA

O Velho Sábio está trabalhando na sua natureza. Você recebe uma clareza mágica sobre questões que antigamente o deixavam atordoado. Você também vai descobrir que quer fazer um retiro para explorar a profundidade do conhecimento e a compreensão que agora está aberta para você. Não fique com medo de se recolher. Você vai descobrir uma nova sensação de inspiração, energia e felicidade.

DAMA DE PAUS

MAGO

Quando alguém adquire sabedoria (o Velho Sábio), a primeira coisa que deve fazer é um retiro para refletir sobre seus novos conhecimentos. Depois de ter-se familiarizado com essas idéias, ele olha para fora e incorpora esse conhecimento à sua vida. Ele se transforma no mago.

Você está agindo como o mago, pois alcançou o nível mais elevado de conhecimento e sabedoria. O fato de ter incorporado essa lucidez fez com que você se livrasse de todas as pequenas preocupações da vida.

Você descobre um novo espírito lúdico e não se deixa abater por reveses ou aborrecimentos. Por que deixar se abater por detalhes insignificantes quando a vida oferece uma oportunidade maravilhosa, mágica — e, acima de tudo, efêmera — de rir, amar e brincar?

Em vez de amaldiçoar os congestionamentos do trânsito, você consegue aproveitar cada momento da sua vida. Ria e lembre às outras pessoas para que vivam felizes.

CONSULTA RÁPIDA

Você se transformou no mago. Você alcançou o nível mais elevado de conhecimento e sabedoria, e agora pode aproveitar cada momento da sua vida na Terra. Você não se deixa abater por problemas insignificantes ou reveses. Pelo contrário, reconhece que a vida oferece uma oportunidade efêmera de rir, amar e brincar.

REI DE PAUS

(CONJUNÇÃO) UNIÃO

Quando duas pessoas que se amam e se respeitam se unem, elas se tornam alguém melhor. Juntas, formam um todo perfeito.

Você está combinando dois elementos (quer seja em relação ao trabalho ou à vida pessoal, a um interesse, a crenças e atividades ou à reunião verdadeira de duas pessoas) para criar um todo melhor.

Se estiver inseguro quanto à combinação de dois elementos na sua vida, saiba que essa carta favorece o sucesso e a realização pessoal.

Logo você verá os resultados positivos dessa união, quer seja em forma de ganho material, crescimento espiritual, desenvolvimento mental ou realização emocional.

Existe apenas um lembrete que deve ser feito: lute para conservar a sua personalidade. Uma relação entre duas pessoas diferentes e felizes, que se unem por amor e conservam sua independência, representa uma Conjunção (a união perfeita).

CONSULTA RÁPIDA

O sucesso é garantido quando duas pessoas, duas situações, duas idéias ou dois relacionamentos se juntam para criar dois elementos individuais mais fortes e um todo melhor. Se você estiver se unindo a outra pessoa, lute para preservar a sua personalidade, para conservar a sua singularidade e a sua independência. Dessa forma, haverá uma união perfeita.